AF460544

DISSERTATION

QUI A REMPORTÉ LE PRIX

A LA SOCIÉTÉ LIBRE ET OECONOMIQUE

DE S^{T}. PETERSBOURG,

En l'année MDCCLXVIII.

Sur cette question proposée par la même Société.

Est-il plus avantageux à un Etat, que les Paysans possedent en propre du terrein, ou qu'ils n'aient que des biens meubles? Et jusqu'où doit s'étendre cette propriété?

Par M. BEARDÉ DE L'ABBAYE.

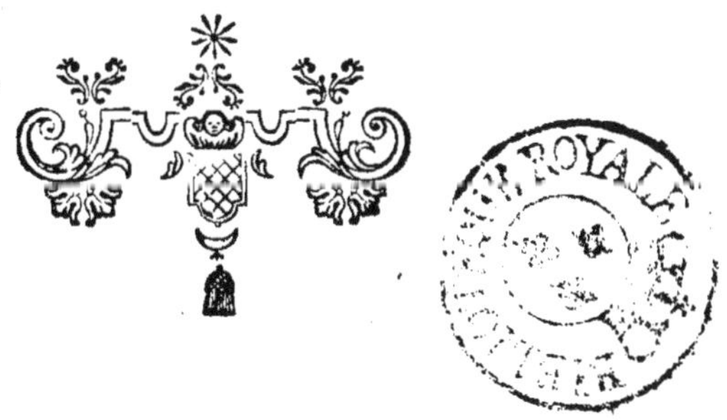

A AMSTERDAM,
Chez MARC-MICHEL REY,
MDCCLXIX.

In favorem libertatis omnia jura clamant, mais *est modus in rebus*.

DISSERTATION.

NOUS allons parcourir les avantages d'un Etat, & le rapport, que le Payſan doit avoir avec ces avantages ; nous examinerons, comment les propriétés des derniers ſujets influent ſur l'intérêt général de la nation. Ce n'eſt point ici une queſtion de morale ou de théologie ; un chrétien ne diſtingue dans ſa charité aucune condition: les Payſans & les Rois, les maîtres & les eſclaves ſont freres. L'amour du prochain étant un des premiers préceptes de la réligion, celle-ci ne preſcrit jamais des bornes au bien-être du plus petit particulier. Des loix formées ſur ce ſeul principe accorderont au Payſan toute ſorte de propriétés; mais un Légiſlateur moraliſte, qui n'auroit en vue, que les félicités de l'autre monde, pourrait errer dans les poſſeſſions de celui-ci. C'eſt ainſi que l'Evangile, qui ordonne le mépris des biens d'ici bas, peut bien être une regle de conduite pour un particulier ; mais n'ayant jamais traité de la politique en grand, il laiſſe à chaque Empire le ſoin de pourvoir à ſa conſervation, & la liberté d'en choiſir les moyens. L'on ne peut pas conſulter la Philoſophie: elle n'entend que le langage de la nature; elle n'écoute que la voix de l'humanité; elle veut rendre tous les hommes heureux; Perſan, Iroquois, Tartare ou Chinois, tous ont droit à la bienveillance d'un Philoſophe: l'ami des hommes ne cherche, ne deſire que le bonheur de chaque individu; ainſi il accordera au Payſan toute ſorte de propriétés; ne s'occupant point de cette ſavante prévoyance, qui affermit, qui ſoutient & augmente la puiſſance de l'Etat, il craint preſque autant le pouvoir, qui gêne les propriétés, que la violence, qui opprime les propriétaires; mais un légiſlateur, qui ne ſerait que Philoſophe, rendrait bientôt ſon pays la proie de tous ſes voiſins; laiſſons donc le ſage épurer ſes mœurs, & former des vœux pour le bonheur de ſes concitoyens, mais ne lui confions pas les clés du Cabinet; il ne veut pas être initié dans les myſteres des Cours.

Un prudent Politique doit préférer l'intérêt général à celui de quelques particuliers; il doit combiner toutes les rélations, & en faiſant, autant qu'il ſe peut, le bonheur de tous, il doit principalement s'occuper de l'avantage de l'Etat. Cette combinaiſon, ſoumiſe à tant de circonſtances, ſujette à tant d'événemens, rencontre des difficultés ſans nombre & devient le chef-d'œuvre de l'entendement humain. Tous les Souverains peuvent faire des loix; mais il n'y a eu qu'un petit nombre de génies ſupérieurs, qui en aient faites, dignes d'être tranſmiſes à la poſtérité. C'eſt donc la politique ſeule à laquelle nous aurons recours. Sans faire des profondes & inutiles recherches ſur le droit naturel, ſur le droit public, ſur le droit des gens; ſans faire des applications ſavantes des inſtitutions divines ou des loix civiles, nous n'approfondirons point ſi les ſujets ſe ſont liés au prince par des engagemens, ſi la violence injuſte a uſurpé la liberté du plus faible, ſi les Souverains ont fait des conventions, ſi le Pacte Social eſt avantageux au plus fort & déſavantageux au plus grand nombre, ſi l'eſclave peut s'échaper de ſes chaînes, s'il eſt permis à la nation de revendiquer des droits, qui n'exiſtent plus, ſi un particulier lézé eſt le maître de ſe ſouſtraire à un contrat, qui lui devient nuiſible. Nous ne diſcuterons point l'origine des ſociétés; nous reſpecterons les principes incertains d'une loi certaine, conſacrée par le tems & maintenue par l'autorité. Ne ſerait-ce pas ouvrir la porte aux ſéditions, aux ſoulévemens, aux révoltes, que de mettre en queſtion les droits du Souverain? Il ne s'agit point ici du droit, mais du fait. Nous examinerons ſeulement la maniere la plus avantageuſe de diriger les chofes fur le pied où elles exiftent aujourd'hui; nous nous contenterons de tâcher à être utiles, fans vouloir paraître favans: nous éviterons ce fatras d'érudition qui obfcurcirait la matiere, que nous voudrions au contraire éclaircir; nous n'aurons pour objet que l'avantage de l'Etat. Mais comme chaque Etat à prefque un intérêt différent, & que ce qui fait la richeffe d'un pays eft fouvent très préjudiciable à quelque autre, nous aurons plus particuliérement en vue la Ruffie, vafte Empire, terrein immenfe, qui a des befoins d'une toute autre nature, qu'une petite republique. D'ailleurs il s'agit ici d'une nation, où le Payfan ne poffede rien; car ne ferait-il pas autant dangereux que cruel de difcuter la propriété d'un peuple, qui en jouirait de tems immémorial; & fuppofé qu'on vînt à prouver que cette propriété eft contraire à l'avantage qu'on recherche, la féduction d'un tel paradoxe entraînerait les fujets & leur fouverain dans des malheurs affreux.

Cherchons donc premiérement s'il eft utile à l'Etat que le Payfan ait, ou n'ait pas quelque propriété; fecondement comment doit s'operer cette utilité. C'eft-à-dire qu'après avoir trouvé le plus grand avantage de l'Etat, nous nous occuperons des moyens qu'il faut employer pour le lui procurer.

PREMIERE PARTIE.

I.

Nous pouvons comparer un gouvernement à une plante, qui reçoit & pompe sa seve d'un côté, pour la communiquer de l'autre: les branches, les feuilles, les fleurs & les fruits sont dans un accord, dans une dépendance nécessaire avec les *obscures* racines: la condition des Paysans, leur existence, leur travail, leur population semblent d'abord ne former qu'un médiocre rameau de l'arbre, tandis qu'ils en sont réellement la racine la plus considérable: ils méritent donc toute l'attention du ministere.

II.

Les richesses immenses de quelques particuliers, l'étendue des domaines du Souverain, le nombre des troupes, l'augmentation même des revenus de l'Etat ne sont un avantage réel, que lorsqu'on est assuré, que l'on n'en épuise point la source, que l'abondance est générale & que tout concourt au bien commun. Ne vous laissez point séduire par une brillante illusion: le lustre éclatant, la magnificence & la somptuosité, qui brillent dans la capitale, ne ſont ſouvent qu'une décoration. Le plâtre, qui couvre la ſurface d'un édifice & qui l'embellit, cache peut-être des ruines prêtes à s'ecrouler à la plus légere ſecouſſe: en un mot le luxe des villes eſt plutôt un abus des richeſſes, qu'une preuve d'opulence.

III.

MAIS viſitez les campagnes & les moiſſons; c'eſt là, c'eſt dans les chaumieres que vous pourrez apprécier les richeſſes phyſiques & réelles de l'Etat; c'eſt là où naît l'abondance du pays, ſes reſſources & ſa premiere puiſſance; c'eſt là, où vous trouverez la ſource des biens néceſſaires au ſoutien de tous les hommes; enfin c'eſt là le barometre, où vous pourrez évaluer les véritables forces de l'Empire. Entrons dans des détails.

IV.

Nous pouvons enviſager les Payſans comme hommes & comme cultivateurs; ces deux points de vue renferment toutes les rélations qu'ils ont avec l'Etat & avec chacun de ſes membres.

V.

Un miſérable Payſan logé dans une chétive cabanne, à demi couvert de haillons, eſt auſſi bien portion de l'Etat, que le plus grand ſeigneur; il lui eſt même bien plus utile, ſurtout ſi ce grand eſt oiſif, ignorant & avare; le pauvre comme enfant de la patrie fait nombre; il augmente même ce nombre en plus grande proportion, que le riche.

VI.

Comme la population eſt le premier dégré de puiſſance, il s'enſuit que plus l'on favoriſe celle-là plus on étend celle-ci. L'expérience de tous les pays nous apprend, que les Payſans ſe mariant plus jeunes, que les habitans des villes, ils produiſent de meilleure heure des enfans & d'une conſtitution plus robuſte: commençant plutôt & finiſſant plus tard, reſpirant un air plus ſain, conſervant par la ſobriété & l'exercice un tempérament déja plus fort, tout contribue à augmenter chez eux la population. D'ailleurs le célibat, état ſéduiſant, qui réunit ſouvent la liberté & le libertinage, état commode eſt ſi fêté dans les villes, eſt preſque mépriſé dans les champs.

VII.

Par ces motifs ſeuls, le Payſan mériterait déjà toute ſorte d'égards du Souverain, qui doit s'occuper eſſentiellement de la population. La politique ne peut mieux réuſſir à la favoriſer & à augmenter ce grand avantage de l'État qu'en concourant de toute façon au bien-être du Payſan; plus on lui donnera des aiſances & des commodités, plus il ſera porté à ſe marier de bonne heure. S'il eſt aſſuré ſur le ſort de ſes enfans à naître, il ne craindra plus ni pour eux la faim & la miſere, ni pour lui les embarras du ménage; il ne peut avoir cette confiante ſécurité, qu'en poſſédant des biens: il faut donc qu'il en ait la propriété; il faut même que cette propriété ne ſoit pas chancellante, incertaine & paſſagere; mais auſſi conſtante & aſſurée que ſes beſoins & ſes dépenſes le ſont.

VIII.

Dans cette vue l'on ne peut donner aucunes bornes à la propriété, dont les Payſans doivent jouir, ſans les décourager dans leurs mariages, & les dégouter dans leurs travaux. Tous ceux d'entre eux, qui auront un peu de bon ſens, ſe garderont bien de donner naissance à des enfans malheureux, auxquels ils n'auraient d'autre héritage à laisser que la pauvreté & l'esclavage.

IX.

L'HOMME condamné à se nourrir à la sueur de son front, doit travailler sans doute; mais Dieu en le soumettant à cette peine, lui accorda en même tems des droits sur cette même terre, (1) qu'il était forcé de cultiver.

X.

A CET intérêt général de population, vient se joindre celui de tous les propriétaires. Nous verrons bientôt comment le nombre des cultivateurs étant augmenté, & que ceux-ci possédant en toute propriété du terrein, qui servira de caution pour tous leurs engagemens, les riches augmenteront & assureront en même tems leurs revenus.

XI.

MAIS aprés que nous aurons vu tous les avantages qui naîtront de la propriété accordée aux Paysans, comment pourra-t-on les rendre pro-

(1) *Terram autem dedit filiis hominum.*

priétaires? Comment pourront-ils être possesseurs de quelque terrein, tandis que leur personne appartiendrait à quelque autre? Un homme, qui est serf, c'est-à-dire qui n'est pas à lui-même, ne peut jamais avoir, qu'une possession chimérique; la propriété ne peut exister sans la liberté: les richesses d'un esclave sont comme les grelots d'argent, qu'un chien porte à son cou; tout appartient au maître. Il est superflu d'entrer dans un plus grand détail là-dessus: il est évident qu'avant de pouvoir accorder quelque possession à un serf, il faut absolument lui donner sa propre personne.

XII.

Ainsi la question sur la propriété embrasse deux objets inséparables, qui tous les deux à l'envi procurent des avantages sans nombre; mais quelques grands que soient ceux, qui naissent des possessions accordées aux Paysans, ils ne sont rien encore en comparaison des biens immenses, que doit produire la liberté. Comme celle-là ne peut avoir aucun effet sans celle-ci, nous ferons marcher de concert leurs avantages respectifs.

XIII.

Si la gloire des Souverains doit être comptée parmi les avantages de l'Etat, elle ne peut recevoir un plus brillant éclat, que du don de la liberté. Tout l'univers (2) retentit en faveur de ce bien précieux; écoutons le cri général: O vous tous, Souverains, si vous n'êtes pas les Tyrans de vos peuples, vous devez être les Peres de tous vos sujets; les Paysans sont vos enfans; eh, comment pouvez-vous voir vos enfans esclaves? Tandis que d'un côté, le premier devoir de votre état est de travailler sans relâche à leur bonheur, de l'autre votre gloire, & qui plus est, votre interêt vous engagent à leur rendre un bien, qu'ils ont reçu de Dieu. Quelle puissance que celle d'un prince qui ne commanderait qu'à de grandes meuttes, ou à de nombreux haras? L'on gémit, en faisant une comparaison aussi humiliante pour l'humanité; mais cependant un vil esclave n'est plus qu'un animal de charge: l'on ne retire de lui que les services matériels que la force de son corps peut rendre; ne sachant, n'osant pas penser, un serf n'a pas même le mérite de l'obéissance. Quelle satisfaction, que celle de délier ses chaînes! O Rois,

(2) *In favorem libertatis omnia jura clamant.*

vous augmentez votre puiſſance de cent mille hommes en un inſtant, ſi vous rendez la liberté à cent mille eſclaves: vous créez, vous formez des êtres nouveaux. De toutes les actions humaines, c'eſt celle qui vous rapproche le plus de la divinité.

XIV.

La liberté renaît: quel ſpectacle, quel prodige! c'eſt une nouvelle vie. Les ténebres ſe diſſipent, l'eſprit ſe réveille comme, d'un long aſſoupiſſement, l'ignorance s'éloigne, la barbarie fuit au loin; la nature prend une nouvelle face & s'embellit; tout s'anime, les talents ſe réchauffent; l'imagination ſe développe; le zele & l'émulation enflamment tous les cœurs; chacun jouit de ſon exiſtence; l'intérêt perſonnel fait tout mettre à profit; toute la nature paie contribution à l'induſtrie, qui vient d'éclore. Ces changemens réuniſſent tous les avantages de l'Etat; c'eſt ainſi qu'en rendant la vie à quelques membres paralitiques, tout le corps en devient plus leſte & plus vigoueux.

XV.

Les Payſans ſont cultivateurs, & à ce titre nous leur devons des égards proportionnés aux ſervices, qu'ils nous rendent. Il ne s'agit plus d'exciter la compaſſion, d'émouvoir l'ame, d'attendrir l'humanité en faveur de quelques malheureux, qui ont le droit inné à l'air qu'ils reſpirent, & à la terre qu'ils habitent, droit que la nature a donné à tous les hommes. Quelque ſacré & inconteſtable, que ce droit puiſſe être, nous en réclamons d'autres encore, dont la conceſſion eſt plus intéreſſante à ceux, qui les accordent, qu'à ceux, qui les reçoivent. Quoique aſſurément il doive être ſuffiſant d'être homme, pour partager les prérogatives de l'humanité ; nous diſcuterons encore les motifs politiques, qui parlent en faveur de la propriété des Payſans: c'eſt-à-dire que c'eſt toujours l'avantage de l'Etat, que nous recherchons.

XVI.

Le Payſan défriche, il laboure, il plante, il met à profit la ſurface de tout l'Empire. Sans lui les provinces ne produiſent que des ronces & des épines ; ſans lui elles ne ſont plus que des déſerts ſauvages, qui ne ſervent que de retraite aux bêtes féroces, & ſans lui, tous ces déſerts ſont inutiles au Souverain, aux Riches & à la Nation. Enfin ces agronomes, en mettant tout le pays en valeur, nourrissent tous ses habitans, & augmentent l'abondance & les richesses de l'Etat. Comment peut-on leur refuser leur part à ces mêmes bieus qu'il nous procurent, ou plutôt, quelle reconnaissance, quels rangs, quels honneurs ne leur doit-on pas?

XVII.

Il est superflu de faire l'éloge de l'agriculture, de vanter son ancienneté ou d'exalter sa noblesse: tout le monde sait qu'il n'y a point de Roi, qui ne doive son origine à quelque laboureur (3) & que tous les descendans d'Adam ne different entre eux, qu'en ce que l'un détela sa charue le matin & l'autre le soir; il ne s'agit ici que de son utilité. Les avantages, que procurent à l'Etat les laboureurs, sont si généralement reconnus, & ce siecle est si éclairé sur ses véritables intérêts, que toutes les nations policées s'empressent d'encourager la culture des terres, de l'étendre & de la perfectionner.

XVIII.

Les exemples anciens & modernes se présentent en foule à l'apui de cette vérité; si l'on jette un coup d'œil sur les tems florissants de la Répu-

(3) *Et vice versa.*

blique Romaine, l'on ſe rappellera avec un auteur célebre, (4) que l'agriculture, l'honneur de labourer la terre était réſervé aux ſeuls citoyens, tandis que tous les arts & métiers étaient abandonnés aux eſclaves. L'on voyait les Dictateurs tenir la charrue des mêmes mains, qui la veille avaient conduit les rênes de l'Empire du monde. Les Romains enfin commencerent à déchoir, lorſque l'agriculture perdit ſa conſidération pour faire place au luxe. Si l'on veut prolonger la comparaiſon juſqu'à nos jours, l'on trouvera que l'ancienne Rome raſſemblait une multitude innombrable de peuples de tout l'univers, & que l'abondance y régnait, tandis qu'aujourd'hui le peu de monde, qui s'y trouve, ne parle que de diſette & de famine.

XIX.

Qu'on compare auſſi l'immenſe produit de l'Egypte ſous ſes Dinaſties, & la miſere qui y regne aujourd'hui, l'on ſera effrayé de voir l'anéantiſſement d'une ſi grande fertilité, de tant d'abondance & d'une ſi nombreuſe population.

(4) Conſidérations ſur les cauſes de la grandeur des Romains & de leur décadence.

XX.

L'EMPEREUR de la Chine laboure lui-même certain jour de l'année un champ destiné à cette cérémonie; cet usage est suivi par des Mandarins, qui animent ainsi par leur exemple le reste de l'Empire. Le célebre Empereur Yont-ching surpassa tous ses prédécesseurs, dans les soins, qu'il se donna pour l'agriculture: il porta son attention sur ce premier des arts nécessaires, jusqu'à élever au grade de Mandarin du huitieme ordre, dans chaque province, celui des laboureurs qui serait jugé par les Magistrats de son canton le plus diligent, le plus industrieux & le plus honnête homme......... son nom était écrit en lettres d'or dans une salle publique. &c. (5)

L'AGRICULTURE ainsi caressée chez les Chinois répand parmi eux l'abondance, & la population y est presque un prodige. Si l'on compare tous les avantages de ce pays-là, avec la misere, qui regne dans les lieux, où les Paysans n'ont point de propriété, l'on ne pourra résister à l'impression d'évidence du besoin, de l'avantage, de la nécessité même d'accorder des propriétés sans bor-

(5) Voyez: addition à l'histoire générale de Mr. de Voltaire.

bornes & qui plus eſt des honneurs aux cultivateurs.

XXI.

Lorsque Sparte (6) fut tombée de ce point de grandeur, où l'avaient portée les loix de Licurgue, les Rois Agis & Cléomene s'apperçurent que cet aviliſſement provenait de ce que les propriétés étaient reſtraintes à un petit nombre de perſonnes, & ce fut en augmentant le nombre des propriétaires, que Lacédémone reprit ſa premiere puiſſance, & devint derechef formidable à tous les Grecs. Le grand Monteſquieu dit que ce fut le partage égal des terres qui rendit Rome capable de ſortir d'abord de ſon abaiſſement.

XXII.

Un des témoignages les plus reſpectables, parmi les gens, qui penſent, eſt ſans contredit celui du ſage Socrate. Voyez ſes belles paroles, rapportées par Xénophon : il n'eſt point d'homme, dit-il, même des plus heureux, qui puiſſe ſe paſſer de l'agriculture...... elle augmente nos

(6) Plutarque, Vie d'Agis & de Cléomene.

richeſſes, elle exerce nos corps & nous met en poſſeſſion de tout ce qui eſt convenable à un homme libre...... c'eſt donc à juſte titre, qu'on a nommé l'agriculture, la mere nourrice de toutes les autres profeſſions; dès qu'elle fleurit, tous les autres arts fleuriſſent avec elle, mais lorſqu'on la néglige, tous les autres travaux, tant ſur terre que ſur mer, s'anéantiſſent en même tems. Il faut lire le paſſage entier rapporté dans un ouvrage nouveau, (7) qui reſpire les ſentimens d'humanité & de philoſophie.

XXIII.

Les richeſſes, le pouvoir, en un mot, tous les avantages d'une nation ſont conſtamment en proportion avec ſon agriculture. Si l'on meſure la ſurface des Iſles Britanniques, elles ne ſont pas la douzieme partie de cette étendue de pays, qui leur eſt ſoumiſe. Les Anglais doivent à l'agriculture, c'eſt-à-dire aux Payſans, leurs matelots, leurs ſoldats & l'empire de la mer; ils leur doivent l'abondance, les arts & le commerce. Ils ne ſont parvenus à ce haut dégré de puiſſance, qu'en encourageant la culture des terres, en

(7) Le Socrate ruſtique.

ſlattant & récompenſant les Payſans : chaque jour ils ont accordé des primes, des privileges aux laboureurs, & les Payſans jouiſſant de toute propriété & liberté, ont rendu l'Angleterre plus puiſſante cent fois, que ceux, qui ont cent fois plus d'étendue de terrein, mais dont les Payſans n'ont rien en propre. La France, par exemple, lui paie un tribut annuel, c'eſt-à-dire qu'elle eſt obligée de recourir toutes les années au bled de l'Angleterre pour d'aſſez groſſes ſommes : depuis 1748 juſqu'à 1750, dix millions, 465 mille livres. (8)

XXIV.

METTONS cet exemple en oppoſition avec l'Eſpagne, Monarchie ancienne, qui a des poſſeſſions ſi conſidérable. La plus riche moitié du nouveau monde ne produit de l'or que pour elle ; ſa poſition en Europe, ſes ports de mer, tout doit contribuer à la rendre formidable ; mais l'Eſpagne préférant l'or au froment, c'eſt-à-dire des richeſſes de pure convention, à des biens réels, phyſiques & de premiere néceſſité, elle néglige l'agriculture ; ainſi cette puiſſance ſe

(8) Voyés l'Eſſai ſur la police des grains,

trouve dans la dépendance néceſſaire de toutes les provinces, qui cultivent la terre & fourniſſent du pain. Joignez à cela la rareté d'hommes, malgré les preſſans beſoins qu'en a cet Etat.

XXV.

Jettons les yeux ſur la Pologne, parcourons ces vaſtes Staroſties, où la miſere & le découragement ſuivent toujours le dégré d'aviliſſement, qu'y eſſuient les laboureurs. Quelle puiſſance formidable ne formerait pas cet Etat, s'il y avait un peu plus d'union parmi les Grands & plus de liberté parmi le peuple! voyez cette prodigieuſe étendue de l'Empire Ottoman, ces immenſes contrées des Turcs, des Perſans & du reſte de l'Aſie. Examinez l'Afrique & l'Amérique entieres, apréciez les avantages de l'Europe & vous trouverez toujours les richeſſes & la puiſſance en proportion avec la liberté & le bien-être des Payſans; tandis qu'au contraire la miſere & la faibleſſe ſont conſtamment l'appanage des pays barbares, où regnent encore l'eſclavage & le deſpotiſme.

XXVI.

Il est ſurprenant que ceux qui ne s'occupent toute leur vie que du travail, qui doit nourrir les hommes ſoient néanmoins les plus mal nourris, & que cette portion d'ouvriers, dont dépend la premiere richeſſe de l'Etat, en ſoit préciſément la plus pauvre. Mais enfin tandis que les politiques de tous les pays policés, ne s'occupent que des moyens d'encourager l'agriculture, en multipliant les récompenſes des agriculteurs, qui oſera mettre des bornes à leurs poſſeſſions? Prix, dons, diſtinctions, careſſes, récompenſes & ſurtout propriétés entieres, le laboureur par ſon travail eſt en droit de tout exiger, tandis que l'intérêt de l'Etat eſt de lui tout accorder.

XXVII.

Si l'expérience conſtante de tous les ſiecles, ſi l'exemple de toutes les nations, ſi l'hiſtoire de la puiſſance de tous les Etats, nous apprennent que les plus grands avantages ont été la ſuite conſtante d'une bonne agriculture; ſi au contraire ſans elle les plus grands Empires n'ont eu que des ſuccès paſſagers, il n'y a perſonne porté pour le bien de ſa patrie, qui ne s'empreſſe de careſſer les agriculteurs. Le meilleur moyen d'attacher, d'exciter, d'intereſſer les laboureurs, eſt ſans doute, de leur accorder des propriétés de ce même terrein, qu'ils cultivent. Les Payſans devenus poſſeſſeurs d'un petit fond chercheront avec ſoin, avec empreſſement à l'agrandir, à l'améliorer, à l'embellir; maîtres d'augmenter l'aiſance de leur état, il n'y a preſque aucune paſſion, aucun ſentiment de l'ame, qui ne devienne pour eux un principe d'émulation. La douce ſatisfaction qu'éprouve un propriétaire en ſe promenant ſur ſa terre, lui dicte des projets pour un avenir, dont il peut augmenter les agrémens, par ſon activité. Il travaille pour lui, pour ſes enfans, pour toute une poſtérité. Enfin il enrichit l'Empire en étendant ſa propriété.

XXVIII.

Mais *quelles bornes donner à cette propriété?* N'avoir que des biens meubles, n'eſt preſque pas une poſſeſſion, je veux dire qu'elle eſt comptée pour rien, puiſqu'elle ne rend rien: ne produiſant aucun des biens, qui ſont la ſuite de la propriété des terres, elle n'attache pas le Payſan. Il faut donc lui accorder des terres; & ne pouvant, comme nous l'avons dit, avoir une poſſeſſion étangere, s'il n'a la ſienne propre, il doit donc être libre. La liberté & la propriété ſont ſœurs. Ceux à qui l'on refuſe les droits de l'une ou de l'autre, peu intéressés à augmenter des biens, dont ils ne peuvent jouir, ne font jamais qu'un travail forcé, dont ils cherchent à chaque instant à éviter la fatigue; ils ne s'occupent, pour ainsi dire, que sous l'œil du maître. L'agriculture ne pourra jamais être en vigueur dans de semblables mains: deux mille Paysans ainsi forcés au travail, ne produiront pas autant d'avantages, qu'une centaine de laboureurs, qui auront une perspective de richesse ou d'aisance: la nature s'embellit dans la main de ceux-ci, ils s'empressent de défricher & d'améliorer un terrein, qui est pour leur compte, ils plantent & chaque arbre est une richesse de plus pour l'Etat. L'habitude du travail contractée par goût, par émulation, par intérêt se perpétue, se transmet de pere en fils. Chaque Paysan se pique d'avoir une aussi belle moisson, que son voisin; l'exemple, l'espérance de jouir, les récompenses concourent à perfectionner le labourage.

XXIX.

Ne craignez point, avares envieux, de voir passer trop de richesses dans les mains des cultivateurs: malgré tous les efforts des sages Colbert, des Henri IV. &c. les Paysans sont toujours pauvres. Heureux le gouvernement, où ils cesseraient de l'être! heureux & mille fois heureux le pays, où la profession de laboureur deviendrait la plus riche & la plus enviée. Mais l'âge d'or n'est qu'un siecle de fiction, que les plus habiles Législateurs n'ameneront jamais.

XXX.

Mais pourquoi craindre le bonheur du plus grand nombre des hommes? Dans un pays, où il y aurait très peu de terrein, peut-être faudrait-il prendre des précautions, pour qu'il n'en tombât pas une trop grande quantité dans les mains des Paysans. Je dis peut-être: parcequ'il n'est pas sûr, que ce fût un mal politique, même dans un état, où l'ordre des Paysans feroit membre du Souverain: les champs en seraient mieux cultivés & l'abondance du pays plus assurée; il n'y aurait tout au plus que les impôts sur les terres, qui pourraient être sujets à des contestations de la part de ceux, qui nourriraient la nation. Mais dans un vaste Empire, où les campagnes ont besoin d'hommes, on ne doit négliger aucun moyen d'en augmenter le nombre. L'on doit accorder des propriétés sans bornes, & non seulement laisser les Paysans maîtres des terres, qu'ils peuvent défricher, mais encore inventer pour eux de nouvelles récompenſes. Il faut ſurtout que leurs poſſeſſions ſoient ſacrées, c'eſt-à-dire qu'on ne puiſſe jamais les leur enlever que pour dettes, ou autres engagemens, ainſi que le preſcrit la juſtice.

XXXI.

Il ne s'agit pas ſeulement ici du bien-être actuel du Payſan, il faut encore faire envier ſa ſituation à tous les laboureurs des pays voiſins. Il faut attirer l'étranger. C'eſt ici un nouvel avantage de l'état, qu'on ne doit point perdre de vue: la poſſeſſion des terres, l'appas d'avoir en toute propriété les champs, qu'on peut défricher, les récompenſes, les douceurs, les diſtinctions & ſurtout la paiſible jouiſſance des laboureurs, ſont une perſpective gracieuſe, qui doit flatter & appeller tous les Payſans des autres nations.

XXXII.

Les hommes n'agiſſent jamais ſans quelques motifs, & leurs actions ſont toujours proportionnées au reſſort, qui les fait mouvoir. Il eſt donc certain que ceux, que la crainte ſeule conduit, semblables à des bêtes de charge, ne font jamais rien au delà du travail borné, auquel il leur est impossible de se soustraire. Le cheval condamné toute sa vie à traîner un chariot, & le serf, qui n'a aucune espérance de sortir de sa servitude, subissant tous les deux le même traitement, soumis au même joug, punis & récompensés de même, ne voient d'autre terme à leur carriere, que la mort. C'est donc là, où vont aboutir leurs peines & leurs travaux: quelle vie, quelles espérances, quelle fin! l'abrutissement, dans lequel ils vivent, obscurcit l'horreur de leur situation; ils ignorent en partie leur avilissement. Quelquefois cependant lorsqu'un chagrin pressant les force à se replier sur eux-mêmes, des légeres lueurs de raison leur font détester leur condition & chercher à la finir: c'est ainsi que les Negres, qu'on transporte dans les colonies d'Amérique, pour se délivrer de leurs maux, ou pour se venger de leurs maîtres, se donnent volontairement la mort, soit par des poisons, soit en avalant leur langue: (9) façon de mourir inconnue jusqu'à eux.

(9) Les Physiologistes nient la possibilité de ce prétendu suicide.

XXXIII.

Que pourrait on attendre de ces malheureux, à qui la propre exiſtence eſt à charge, qui ne connaiſſent la vie, que pour ramper & ſouffrir, qui n'éprouvent d'autres ſentimens que ceux de l'humiliation & qui croupiſſent & végetent dans une ſtupide léthargie? Ils n'ont de l'humanité, que la figure & les malheurs: accablés ſous le poids de leurs chaînes, privés de tous les biens, exclus de tous les rangs, on ne leur laiſſe pas même l'éſperance, qui eſt le dernier ſoulagement dans les plus grands malheurs: accablés, avilis, mépriſés, ils ne connaiſſent que la crainte: ils ſont, comme dit le celebre Monteſquieu, des corps morts, enſevelis les uns à côté des autres. Miſérables automates, ils ſcient le bois, ou ils défrichent la terre, à l'ordre de leurs maîtres: les moindres deſirs, les projets, même les plus bornés, leur ſont interdits, les grandes actions leur ſont défendues, ils végetent, puis ils meurent. Qu'ont-ils fait? quels ouvrages laiſſent après eux cette foule d'eſclaves, quelle production a-t-on d'eux? quelle trace reſte-t-il de leur vie paſſée? quel bien, quelle utilité revient-il à l'Etat de ce grand nombre de bras? Ils grattent la terre, & leur travail n'égale pas ſeulement celui des bêtes de charge. Mais tirons le rideau ſur un tableau auſſi humiliant pour l'humanité, ſi triſte pour la ſociété, ſi inutile aux ſciences & aux arts, & enfin ſi déſavantageux à l'Etat.

XXXIV.

CEPENDANT malgré la plus profonde ignorance, dans laquelle vivent les Turcs, quoique les arts ſoient ſi mal cultivés chez eux, que la barbarie, l'aviliſſement, les ténebres ſe perpetuent, & qu'une lâche oiſiveté, jointe à la méfiance & à la triſteſſe, regne autour des orgueilleux Deſpotes de l'orient, leur Empire ne laiſſe pas de ſe maintenir, ſouvent même leur puiſſance s'étend au dépens de quelques peuples civiliſés; mais il faut obſerver que leurs incurſions, ſemblables à des torrens rapides, arrachent, entraînent ce qui ſe trouve ſur leur paſſage; leurs progrès ne ſont jamais dus qu'à une exceſſive violence, qui accable ou qui étouffe par ſon poids ceux qui n'ont pu lui réſiſter. Oui, ces Empires ſe ſoutiennent, parcequ'ils n'ont pour tous les ſujets, qu'une ſeule & même conſtitution, ou plutôt tous les peuples, courbés ſous le même joug, l'eſclavage eſt leur ſeule loi, la volonté du maître est l'unique volonté, & c'est à son ordre, que se font & se dirigent toutes les actions. La simplicité de la machine en fait la force ; un seul ressort en conserve le mouvement : toujours constante, & toujours uniforme, la constitution se perpétue & cette lourde masse se soutient par sa pesanteur. L'habitude, l'exemple, une obéissance aveugle, & surtout cette profonde ignorance, en resserrant des chaînes éternelles, forment une solidité considérable. Les peuples, qui sont le plus grand nombre, & qui sont la force de l'Etat, les peuples, dis-je, ne ressentent qu'à demi la dureté d'un sort, que les riches & les grands partagent avec eux : la nation entiere ne forme qu'un troupeau, qui broute & qui digere ; la soumission contient tout dans l'ordre.

XXXV.

IL ne peut pas en être de même d'un Etat, dont une portion des habitans serait esclave, tandis que l'autre jouirait de toute la liberté, qu'accordent les loix ; une constitution ainsi disparate ne peut former qu'un mêlange informe & barbare d'êtres différens & d'intérêts opposés. Quelle inégalité dans la marche de ce gouvernement ! il lui faut des loix pour les grands, il en faut d'autres pour les serfs : dans cette diversité de rapports la machine politique doit ſans ceſſe être tiraillée par des reſſorts contraires entre eux. L'ordre eſt couvert d'un épais nuage : l'on ne ſait plus ſi les enſans des eſclaves appartiennent à leurs peres, à leurs maîtres, ou à leurs Rois, s'ils ſont membres de l'Etat, ou même s'ils ſont ſujets du Souverain : le riche propriétaire peut à ſon gré fruſtrer ſon pays du ſecours de pluſieurs bras, qu'il n'emploie pas, ou qu'il emploie mal. De cette diſcordance dans les différens membres doit naître néceſſairement une faibleſſe, une langueur, une inaction dont tout le corps ſe reſſent.

XXXVI.

Revenons : ſi cette propriété, dont les laboureurs jouiſſent, procure les plus grands avantages de l'Etat ; ſi les pays, où le Payſan eſt le plus libre & le mieux récompenſé, ſont les plus riches & les plus puiſſans ; ſi au contraire les nations, où le Payſan eſt ſerf ſont à demi déſertes ; ſi les ſciences, les arts, le commerce y languiſſent ; ſi les revenus de l'Etat, les finances, les impôts ne ſont & ne peuvent être en aucune proportion avec l'étendue des provinces, l'on doit néceſſairement conclure, que *rien n'eſt plus avantageux à l'état que d'accorder aux Payſans du terrein en toute propriété, & que plus on étendra cette propriété, plus on augmentera les richeſſes & la puiſſance de l'Etat.*

SECONDE PARTIE.

O vous qui êtes chargés du fardeau de la félicité publique auſſi bien que de l'intérêt de l'Etat, vous, dont le bonheur des peuples eſt la plus précieuſe fonction, en même tems qu'il eſt le plaiſir le plus doux ; ô vous, Souverains, qui devez retirer les plus grands avantages, en accordant les plus grandes graces, arrêtez ! ſuſpendez vos bienfaits, ne les repandez pas au hazard ! méfiez-vous de cet art ingénieux, qui ſait donner aux objets l'abord le plus ſéduiſant ; n'écoutez cette douce éloquence, que comme une ſirene enchantereſſe, qui peut vous conduire à ſon gré. Je veux parler de tous ces diſcours mélodieux, que l'humanité, que la philoſophie aura dictés. Toutes les voix retentiſſent du nom de liberté : de tous les coins du monde, l'on fait des vœux en ſa faveur ; ſans doute du Midi juſqu'au Nord, tous les hommes, qui penſent, auront exprimé ce ſentiment général, qui fait honneur à notre fiecle. Ces difcours, dis-je, jonchés de fleurs ne vous préfenteront que la fraicheur des rofes, fans vous laiffer entrevoir leurs épines: hâtez-vous, s'écrieront-ils, de répandre le nectar délicieux de la liberté, imitez les Dieux, formez des hommes & créez des heureux.

C'est avec douleur, que je retiens votre main bienfaifante: le nectar précieux & le bien le plus doux fe corrompent dans un vafe impur. Avant de prodiguer ces dons defirés, préparez des vaiffeaux limpides, qui puiffent recevoir cette rofée célefte, fans en altérer la bonté.

I.

C'est en vain que le cœur parle en faveur de la liberté & voudrait à l'inftant rompre les liens cruels, qui tiennent une partie de nos femblables enchaînés. C'eft le zele de toutes les ames honnêtes, c'eft un penchant fi noble & fi doux, que tout homme de bien peut aifément s'y laiffer furprendre. Des réflexions plus lentes, plus fenfées, plus approfondies retiennent les verroux. La politique vous défend d'ouvrir inconfidérément ces cachots. Mais quoi! la politique s'oppoferait-elle au bonheur des hommes? En s'occupant

cupant de l'avantage des Etats & de la grandeur des Souverains ferait-il incompatible avec celui des Rois, oublierait-elle le bien-être des peuples? Ou bien l'intérêt des Souverains ferait-il incompatible avec celui des sujets? Non; mais il y a dans tous les événemens politiques ou physiques, une suite de convenances, une progression, une chaîne, que la prudence doit consulter. Tel fruit est délicieux & salutaire dans sa maturité, qui mangé dans sa verdeur, cause les plus cruelles maladies. La politique a de même son cours: l'on y dispose, l'on y prépare toutes les opérations; les affaires, en un mot, ne réussissent, qu'après avoir été prudemment amenées au point convenable. C'est dans une exacte & heureuse combinaison des tems, que consiste peut-être le grand art de la plus profonde politique: c'est un écueil, contre lequel on voit échouer tous les jours les projets les plus avantageux, l'intention la plus pure & les vues les plus utiles. Un ignorant agronome fauche un champ qui n'est pas mûr; il entasse un amas d'herbes vertes, qui ne lui seviront presque à rien, tandis que, coupées quelques jours plus tard, elles auraient fait une riche moisson. Il ne suffit pas d'avoir semé du bon grain dans une terre fertile, il faut donner aux épis le tems de parvenir à leur perfection;

les hommes éprouvent ces gradations plus sensiblement encore. Chaque âge est très différent de celui, qui l'a précédé & de celui, qui le suivra. Les occupations, les forces, les goûts, les idées, tout varie, tout change, tout augmente, ou diminue avec les années; mais cette différence physique n'est rien encore en comparaison de celle, que produit l'éducation; c'est-à-dire qu'un enfant fera mille fois plutôt l'ouvrage d'un adulte, qu'un ignorant celui d'un homme instruit. L'on doit donc regarder l'instruction, l'éducation, les sciences, ou si l'on veut toutes les connaissances humaines, comme les plus grandes différences, qui distinguent & séparent les hommes; & comme il serait ridicule d'attendre d'un enfant, qu'il portât des gros fardeaux, il serait plus absurde encore d'éxiger d'un Paysan grossier l'exécution des loix, qu'il ignore.

II.

Par exemple, le cours de la vie civile d'un particulier, quelle simple qu'elle paraisse, demande beaucoup de circonspection, de prudence & de conduite. Il y a dans la société des loix, des usages, des convenances, des combinaisons, que l'honnêteté, l'expérience & le jugement doivent diriger à chaque instant. Ne ſerait-il pas imprudent, & ſouvent dangereux de produire au milieu de cette ſociété un ſauvage, un ſerf, qui n'aurait point été inſtruit de ces loix & de ces uſages? Ne ſerait-ce pas dechaîner un ours & le lancer parmi les hommes, avant de l'avoir apprivoiſé. A combien de maux cette ſociété ne ſerait-elle pas expoſée? Ce nouvel affranchi, transformé en un être nouveau, ſe livrera aux accès de ſa volonté, de ſes paſſions & de ſes deſirs, auxquels il ne reconnaiſſait d'autre frein, que les chaînes qu'on vient de lui enlever. Semblable à un cheval qui rompt ſon licol, il s'échappe avec joie, il abandonne le joug, il court, il fuit pour s'éloigner de la ſervitude; il galope & bondit dans les forêts; on ne peut plus l'atteindre; mais bientôt l'hiver approche, il n'a plus, ni aſile contre le froid, ni proviſions contre la faim; chaque jour ſes beſoins augmentent, & chaque jour devient pour lui un nouveau ſupplice, fuyant la fatigue & le travail, ne connaiſſant que le préſent, il ne ſait pas ſe préparer une récolte pour l'avenir. L'eſclave avec auſſi peu de prévoyance & beaucoup plus d'indolence, libre déſormais de toute contrainte & ne connaiſſant pas de plus grand bien que le repos, s'y livre tout entier, il s'abandonne à la plus molle oiſiveté: il eſt comme les fourmis (10)

(10) Proverbe eſpagnol, qui exprime bien le cas préſent.

auxquelles il ſurvient des aîles, elles ne font plus rien.

III.

Quoique l'inaction du Payſan devenu libre, ſoit un mal pour lui, auſſi bien que pour l'Etat, qui eſt fruſtré de ſon travail, la ſociété aurait à craindre un plus grand déſordre encore, s'il était abandonné à ſes paſſions, avant qu'il eût été inſtruit de ſes nouveaux devoirs.

IV.

Ces obſervations ne ſont pas de pure ſpéculation: une facheuſe expérience nous apprend le triſte ſort de ces eſclaves, auxquels on accorde la liberté, avant de les avoir mis en état de la recevoir: dans toutes les poſſeſſions d'Amérique ou les Européens ont tranſporté des Negres, l'on ne rencontre *jamais* d'autres pauvres, que quelques-uns de ces malheureux affranchis; la fainéantiſe eſt le ſeul fruit, qu'ils retirent de leur liberté, d'où doit ſuivre néceſſairement la mendicité. Ils deviennent à charge à la colonie entiere, qui perd des bras, qu'elle doit cependant entretenir.

V.

Il en eſt de la propriété & de la liberté comme de tous les autres biens: ils ont leurs tems, leurs termes & leurs périodes. Qu'un homme tranſi & gelé de froid s'approche inconſidérément du feu, bien loin de ſentir les doux effets d'une chaleur ſalutaire, il éprouvera des douleurs terribles, & peut-être la perte de quelque membre gelé. Qu'au ſortir des ténebres les plus obſcures un priſonnier, qui quitte ſon cachot, oſe fixer le ſoleil, ou ſeulement le grand jour, dont il a été privé ſi longtems, bien loin de goûter le délicieux plaiſir de revoir la lumiere, ſa vue eſt offuſquée, ſes yeux s'éblouiſſent, les douleurs, l'aveuglement même doivent ſuivre l'ébranlement immodéré de ſa rétine. Ce qui était deſtiné par la nature pour notre bien, ce qui devait appaiſer la faim ou étancher la ſoif, tue l'imprudent qui s'y livre trop tôt, ou trop rapidement, bien loin de le ſoulager. C'eſt ainſi que les meilleures choſes exigent des précautions; c'eſt ainſi que l'exécution de tous les projets doit être concertée, préparée & amenée de loin.

VI.

Il faut donc *préparer les serfs à recevoir la liberté, avant de leur céder quelques propriétés.* Peut-être même que l'abrutissement & l'ignorance où l'on les tient leur fera préférer leur servitude : assurés d'être habillés, nourris & entretenus, par des maîtres, qui ont intérêt de conserver leur vie, ils doivent envisager comme une gêne pénible, les soucis, les embarras & l'incertitude d'une subsistance, qui leur sera entiérement abandonnée. Pour peu qu'on réfléchisse à ce penchant général, qu'ont tous les hommes à l'indolence, on se gardera bien de donner les moyens de s'y livrer à des ignorans, qui ne connoissent & ne desirent pas d'autre bonheur.

VII.

Le grand œuvre de la liberté, qui est le premier de tous les biens, peut donc produire un effet tout contraire à celui, qu'on en attend, si elle est subitement & précipitamment accordée. Il faut préparer, accoutumer & disposer peu-à-peu l'enfant à marcher, avant de l'abandonner seul, dans un chemin raboteux, au bord de mille précipices. C'est à l'éducation, qu'il faut recourir avant toutes choses: l'esprit humain est naturellement avide de connoissance; profitez de cette curiosité innée, faites lui connoître tout le prix de la liberté, donnez lui en la plus haute idée, faites en un mot qu'il la desire ardemment. Que de biens naîtront déjà de ce desir! il sera capable de tout entreprendre pour sortir d'un état, dont il commencera à être humilié: ses services redoubleront, & vous reconnaîtrez à ses efforts les différens dégrés de son empressement à secouer ses chaînes; enfin ne le faites maître de quelque terrein, ne le rendez son propre maître, que lorsqu'il se sera lui-même rendu digne de l'être.

VIII.

Cette marche lente & recherchée ne procure pas seulement le bonheur du Paysan & l'avantage de l'Etat, elle devient encore de la plus grande utilité pour les seigneurs & les riches propriétaires: ils peuvent d'abord mettre leurs bienfaits au plus haut prix; je veux dire qu'en promettant la liberté à leurs Paysans, ceux-ci ne doivent l'espérer, qu'en récompense de leur plus grand travail. L'année derniere vous n'avez cultivé que cent arpens de terre, pourrait dire un Seigneur à quelques familles de ses serfs, l'année derniere, je n'ai retiré que trois cents mesures de grain de votre labeur, redoublez vos soins & vos efforts pour mes intérêts, travaillez avec ardeur à la terre, que je vous confie, & dès que vous serez parvenus à en augmenter le produit de cent mesures de bled, je vous accorderai du terrein en toute propriété; je vous rendrai libres & maîtres de vous enrichir par votre assiduité & votre travail. C'est ainsi que la simple promesse de la liberté pourra déjà augmenter considérablement les revenus des grands seigneurs. L'appas d'un bien que, le Paysan desirera ardemment, lui donnera des forces nouvelles.

IX.

Ce n'est pas tout encore: les riches sont obligés de veiller sans relâche à leurs possessions & au travail de ces malheureux, que l'on doit exciter le fouet à la main. Chaque serf n'ayant aucun intérêt, que son maître devienne plus riche, que ses terres soient mieux cultivées, que ses moissons soient plus abondantes, il ne fait que ce qu'absolument il ne peut se dispenser de faire; ainsi, outre que ces biens ne rendent jamais tout le produit, qu'on pourrait en attendre, les maîtres n'en ont pas la plus petite assurance; mais accordez au Paysan une propriété; qu'il se voie maître de quelque petite possession, vous pourrez alors, en toute sureté, lui confier vos fermes : vous n'aurez rien à craindre du prix, pour lequel vous les lui aurez ascensées; son petit domaine, ou plutôt l'attachement, qu'il aura pour son nouveau bien, vous répond de tout. C'est ainsi que les riches en faisant le bonheur du Paysan, augmenteront leurs propres richesses & rendront leurs revenus bien plus assurés. Les Seigneurs qui connaîtront leurs véritables intérêts, en se déchargeant de la culture de leurs terres, & du soin de veiller à leur produit, multiplieront ce même produit, après en avoir créé de nouveaux garans.

X.

Les défrichemens, l'abondance, la population, les richesses seront le fruit de l'empressement de ces hommes, qui auront mérité & reçu la liberté; mais pour exciter en eux cette vive ardeur, l'on ne doit négliger aucun des moyens, que la prudence peut suggérer. N'accordez au

Payſan la propriété & la liberté, qu'en détail, s'il eſt permis de parler ainſi. Créez d'abord des diſtinctions de ſerf à ſerf; que le mérite, l'aſſiduité, le zele, les talens ſoient toujours la meſure des récompenſes. Cédez lui quelque portion de propriété conditionnelle, qu'il ait la poſſeſſion précaire des meubles, puis des immeubles par dégrés, tenez le toujours en haleine. Si l'émulation peut une fois pénétrer juſqu'à lui, vous ferez bientôt d'un automate, un excellent ouvrier.

XI.

METTEZ en jeu les paſſions: ce ſont elles, qui nous font entreprendre les plus grandes choſes. Que vos Payſans connaiſſent l'ambition, cette noble envie de ſe diſtinguer des bêtes, de ſe diſtinguer les uns des autres: inſpirez leur, s'il le faut, de l'orgueil; je veux dire, qu'en dirigeant leur amour propre, faites les rougir de l'état d'aviliſſement & d'ignorance, dans lequel ils croupiſſent. Comme l'on ne peut être honteux que des fautes, dont on eſt coupable, il faut qu'il ſoit en leur pouvoir de mériter la liberté, avant qu'ils puiſſent être humiliés de l'eſclavage. Que le Payſan devenu propriétaire, dédaigne ses anciens camarades encore esclaves, que l'habillement surtout soit une marque distinctive, qui frappe sans cesse les yeux: la parure fait l'effet le plus sensible sur les ames ordinaires: l'envie, la jalousie, le dépit opéreront des prodiges. Tous les philosophes l'ont dit: les passions sont les vents, qui font mouvoir le vaisseau; il n'est question, que de les bien diriger; mais sans vent, comme sans passion, le vaisseau reste immobile & l'homme s'endort.

XII.

L'Instruction est le premier moyen de diriger les passions & de former les hommes. C'est elle, qui manque aux Paysans, & peut-être qu'il ne serait pas si difficile de la leur procurer. Il ne s'agit pas de former des universités, ou des académies pour les éclairer: l'exemple est d'abord une très excellente leçon; ensuite la curiosité se prête d'un côté, & pour peu que de l'autre leurs maîtres, & surtout les ministres de la religion, s'occupent de cet objet, chaque jour doit répandre une nouvelle lumiere dans l'esprit de ces malheureux. La morale chrétienne devient ici si analogue, elle est si propre à exalter la dignité de la nature humaine, dont Dieu lui-même s'eſt revêtu, en faveur de laquelle Dieu a tout fait, & pour laquelle enfin Dieu eſt mort! La charité ſi recommandée dans cette religion rapproche encore l'homme de l'homme, le ſerf de ſon ſeigneur & le peuple de ſon Souverain. Cette parfaite égalité des eſclaves & des maîtres dans l'autre vie, l'amour du prochain, & tout cela, répété ſans ceſſe par des bouches reſpectables, éleve l'ame & la rend à elle-même.

XIII.

L'on ne pourrait mieux faire que de fournir aux prêtres ou Popes un petit corps d'inſtruction, qu'ils ſeraient tenus d'expliquer réguliérement aux Payſans; il ſerait très utile d'y joindre un abrégé des regles d'agriculture, qui fuſſent claires, aiſées & à portée de tous. Cet art eſt aujourd'hui ſi perfectionné, qu'on peut aiſément en communiquer les principes à des ignorans, qui ne ſuivent que des uſages antiques, une habitude & une routine, tantôt trop longue & tantôt préjudiciable; ils perdront toujours beaucoup de tems & beaucoup de peines, juſqu'à ce qu'on leur ait appris les meilleurs moyens. Pour donner plus de poids à ces inſtructions, il faudroit augmenter encore, s'il ſe pouvait, le reſpect & la vénération des Payſans pour leurs Popes, ce que la conſidération des Seigneurs pour eux opérera toujours. La diſtribution de ces petits codes ne ſaurait être trop abondante & trop recommandée.

XIV.

Si l'on joint à ces inſtructions fréquentes, des récompenſes pour ceux qui en profitent le mieux ; ſi deux familles ſeulement, dans une contrée ſe trouvent mieux habillées, ſoient logées avec diſtinction, & puiſſent dire aux autres : *ce champ eſt à moi & à ma poſtérité ; je veux planter des arbres dans ma terre*, il n'y aura aucun Payſan du voiſinage, qui n'aſpire au bonheur de dire auſſi, *ma terre*, *mon champ* &c.

Que les grands faſſent beaucoup d'accueils à ces nouveaux propriétaires, que le Souverain leur accorde des privileges, qu'ils éprouvent, en un mot, une ſupériorité marquée, ſur tous les autres qui ſont encore ſerfs, bientôt l'ébranlement ſera général, une fermentation de gloire s'emparera de tous les cœurs & tous à l'envi feront des merveilles. Une petite poſſeſſion retient attachée une famille entiere ; chaque Payſan s'empreſſera d'embellir & d'augmenter ſon petit bien; les richeſſes particulieres ainſi multipliées augmenteront la maſſe des richeſſes générales & l'Etat deviendra puiſſant.

XV.

Les eſprits ainſi diſpoſés, on pourra délier les chaînes de la ſervitude, les poſſeſſions déſirées, promiſes & accordées formeront de bons ouvriers; ce peuple nouveau, racheté des ténebres & de l'eſclavage, enrichira ſes bienfaiteurs, & enfin les hommes rentreront dans des droits, qu'ils tenaient immédiatement de l'auteur de la nature. La liberte! quelle brillante lumiere s'étend de l'extrémité de l'Empire à l'autre: la nature aſſoupie ſe réveille, tout renaît; les campagnes ſe peuplent d'habitans, les arts s'animent, les ſciences ſe perfectionnent, tout prend vie. La joie & la reconnaiſſance prennent la place de l'abbatement & de la triſteſſe; l'on n'entend plus que des cris d'allégreſſe; ces hommes nouveaux font retentir les airs de vœux & de bénédictions. Les philoſophes, les ſages de toutes les nations, enfin tout le genre humain célebre la grandeur de cette époque; les poëtes & les orateurs portent au temple de mémoire le cri de tous les peuples, & les ſentimens de tous les cœurs.

XVI.

Mais j'entends les grands Seigneurs, qui, frappés de cette innovation, éprouvent une répugnance à ſe départir de ce droit terrible & cruel, que leurs ancêtres ont de tout tems poſſédé ſur les Payſans de leur village. Au plaiſir d'exercer un empire abſolu ſur un grand nombre d'autres hommes, à cette ſupériorité ſi flateuſe pour l'amour propre, enfin à cette habitude de dominer que l'orgueil du cœur humain ſavoure à longs traits, vient encore ſe joindre une utilité apparente, qui s'oppoſe au don de la liberté. Que deviendront nos champs, diront ſans doute quelques propriétaires, qui ne voient que l'écorce des choſes, qui labourera nos terres, ſi nos eſclaves deviennent libres? Qui apportera nos denrées dans la capitale, ſi nos Payſans deviennent leurs maîtres? Qui travaillera nos fabriques & nos manufactures, ſi nous n'avons pas le droit de retenir & de forcer au travail tous nos ſerfs? Dès qu'ils ſeront dégagés de leur ſervitude, ils ne feront plus que ce qui ſera de leur goût; ainſi en perdant la propriété des ouvriers, nous perdrons le produit de leurs ouvrages. Ce raisonnement captieux mérite une attention particuliere.

XVII.

Non, Messieurs, en accordant la liberté à vos Paysans, vous n'y perdrez rien ; au contraire vous augmenterez vos revenus, vous en assurerez le paiement, vous diminuerez vos embarras & vos craintes sur les travaux de ces malheureux, que vous ne pouvez aujourd'hui perdre de vue un seul instant, sans qu'ils soient dans l'inaction & la fainéantise. Non, Messieurs, ils ne chercheront jamais à s'enfuir dès qu'ils auront un attrait aussi séduisant, que celui d'une petite possession. Voyez, suivez l'exemple de tous les peuples policés de l'Europe, les riches reçoivent chez eux réguliérement leurs revenus, sans se donner la peine fatiguante d'une *surveillance* continuelle. Le plaisir d'être suivi d'un chien, qui vous aime & qui vous caresse, peut-il être mis en comparaison avec le pénible soin de conduire un ours : votre barbet ne vous quitte jamais, il fait mille singeries pour vous plaire ; plus il est libre, plus il est prompt à vous obéir, tandis que les fers, dont l'ours est enchaîné & que le fouet,

fouet, dont vous devez continuellement le maltraiter vous fatiguent en le tourmentant ſans ceſſe, ſans rien obtenir qu'à force de coups. C'eſt ainſi que l'attachement & l'amitié font tout faire & tout entreprendre, tandis que la haine & la contrainte doivent tout arracher de force.

XVIII.

Ce ſentiment eſt dans la nature de l'homme: l'eſpérance & la crainte ſont les deux premiers reſſorts, qui dirigent les actions humaines; l'eſpérance eſt un mouvement gracieux, volontaire, agréable, autant flatteur pour celui, qui donne, qu'avantageux à celui, qui reçoit; les récompenſes gagnent les cœurs, animent le courage, excitent la reconnoiſſance. Dès qu'il n'y aura, entre les maîtres & les Payſans, que des liens de douceurs, qu'une relation aiſée, utile à tous les deux, dès que le Payſan trouvera ſon intérêt, à enrichir un maître, qu'il aime, toutes les fonctions de ſon ame concourront à leur avantage réciproque; il ſera capable de ſe porter à tout, de faire, enfin, les plus grands efforts. Un tel accord, une pareille harmonie procurera cette ſatisfaction mutuelle, qui fuit toute contrainte, & qu'ignorent le Deſpote & l'eſclave.

La crainte, au contraire, ne produit que l'avilissement: cet état forcé, violent & contre nature, est comme un arc tendu toujours fatigué & toujours menaçant; le châtiment est autant pénible pour celui qui le donne, que douloureux pour celui qui le reçoit. Je sais qu'il se trouve parmi les hommes des caracteres durs, cruels, féroces, barbares & sanguinaires, je sais qu'il y a des méchans, qui éprouvent une sorte de plaisir à maltraiter d'autres hommes: je n'ai garde de parler à ces monstres, qui déshonorent l'humanité, en trahissant leur religion; laissez ces tigres, mordre, déchirer, ronger les victimes infortunées de leur fureur, jusqu'à ce qu'un Dieu vengeur les écrase à leur tour. Gémissons, plaignons le sort de ces malheureux Paysans, qui ont pour maîtres, ces hommes pétris de fiel, de malice & d'orgueil. La raison & la philosophie ne peuvent rien contre des horreurs, que le Christianisme ne peut adoucir. Ils résistent à tout & ne cedent qu'à leurs passions: laissons-les.

XIX.

Ne parlons qu'aux hommes, qu'à ceux, qui méritent de porter ce nom; à ceux-ci faisons voir que leur interêt est d'accord avec leur caractere. Prenons pour exemple les fabriques: ils emploient dans une manufacture mille ouvriers, ceux-ci auront fait dans un certain tems cent aunes de toile, par exemple; ils n'ont plus d'excuse désormais, il faudra toujours que dans le même intervalle de tems, ils achevent cent aunes de toile; voilà, je crois, quel est à-peu-près le meilleur cours des opérations forcées de ces fabriques; mais tentez une autre route: faites ici comme pour les terres; promettez la liberté aux familles, qui feront le plus d'ouvrage & vous verrez bientôt, qu'aulieu de cent aunes, vous en retirerez peut-être cent cinquante. Prolongez l'intérêt, ôtez les entrâves, déliez les chaînes, qui embarrassent & qui resserrent le mouvement de toutes ces machines, vous éprouverez l'aisance & le jeu des ressorts. L'on ne sçauroit assez le répéter: tous les propriétaires qui retirent tant de toiles ou de bled de l'ouvrage d'un certain nombre de Paysans, n'ont & n'auront jamais aucun moyen d'augmenter ce produit, avec la même quantité de bras, qu'en promettant des récompenses: l'on ne peut donner des récompenses à des serfs; donc il faut absolument, que vos Paysans cessent d'être serfs, pour pouvoir augmenter le produit de leurs travaux. C'est pour lors que vous pourrez faire des conventions avec eux, c'eſt pour lors que, intéreſſés à ſe conſerver leurs nouvelles poſſeſſions, vous en retirerez les plus grands ſervices. Vous recevrez au jour marqué vos denrées, s'ils ſe ſont engagés à vous les apporter à tel tems, à peine de quelque paiement de plus. Et ſi par hazard un de ces malheureureux était tenté de de s'échapper, y a-t-il de meilleur moyen de le retenir, de l'attacher à ſon pays, que de lui accorder quelque propriété? Il faudra des choſes extraordinaires pour le forcer à abondonner ſon petit champ. En un mot dès que vos Payſans, auront des terres, vous aurez des garans de plus, c'eſt-à-dire, *qu'en vous départant d'un droit perſonnel, que vous avez & qui ne vous rend rien, vous vous ferez quantité de droits réels que vous n'avez pas & qui vous rendront beaucoup.*

XX.

Cet heureux changement opéré peu-à-peu, ne fait éprouver aucune ſecouſſe à l'Etat. La liberté toujours précédée par le deſir d'être libre, met les ſerfs en diſpoſition de tout promettre & de tout effectuer. Les peuples à demi ſauvages & barbares, deviennent actifs, vigilans, zélés, induſtrieux; enfin ils ſont civiliſés;

l'urbanité, la pureté des mœurs, les ſentimens honnêtes & délicats, les idées réfléchies, les projets habitent dés lors ſous le chaume; l'on rencontre des hommes, qui penſent, où l'on ne trouvait autrefois que des automates; des terres jadis incultes produiſent du bled, ſe garniſſent d'arbres & ſe couvrent de beſtiaux. Un troupeau de ſerfs ſe partage en vingt familles, vingt habitations s'élevent. Cette multitude de petits intérêts forment une utilité générale & les propriétés accordées à une foule de malheureux, produiſent par mille petits moyens, un avantage immenſe: chaque nouveau ménage eſt un canal, d'où découle l'abondance. L'ardeur & l'activité de ces affranchis, verſent de toutes mains des richeſſes dans l'Etat. Chaque particulier veut s'étendre, tout ſe cultive, tout ſe peuple d'habitans. Les forêts ſauvages enfantent des bourgs & des hameaux, & les vaſtes déſerts deviennent des provinces. En un mot une grande portion de l'avantage de l'état eſt entre les mains des grands, qui augmenteront auſſi le leur en accordant aux Payſans propriété & liberté.

XXI.

Etre craint de tous ſes voiſins, pouvoir dans le beſoin lever des armées nombreuſes, renfermer dans ſes états l'abondance, donner la loi à tous les peuples, qui n'ont pas des récoltes ſuffiſantes, former chez ſoi des pepinieres d'hommes, propres à faire fleurir les arts, le commerce, l'exploitation des mines, la marine, l'agriculture &c., réunir la force, les richeſſes & la puiſſance, ſont quelques-uns des avantages inſéparables de la population, & celle-ci eſt une ſuite conſtante de la propriété & de la liberté des Payſans.

De tout celà il faut conclure que, pour le plus grand avantage de l'Etat *le Payſan doit poſſéder du terrein en toute propriété.*

Quand on admire les merveilleuſes choſes, qu'à faites dans ſes Etats *PIERRE LE GRAND*, il ſemble d'abord que ſes ſucceſſeurs pourraient dire comme le fils de Philippe de Macédoine, qu'il ne leur a plus rien laiſſé de grand à opérer; mais comme Alexandre a ſurpaſſé conſidérablement les exploits de ſon pere, il était de même réſervé à l'immortelle *CATHERINE* d'opérer de plus grands prodiges, que ſon prédéceſſeur, en donnant l'ame, la lumiere & la vie à des peuples nombreux de ſerfs, qui n'ont qu'une demi-exiſtence & changeant ainſi en hommes des milliers d'automates.

FIN.

www.ingramcontent.com/pod-product-compliance
Ingram Content Group UK Ltd.
Pitfield, Milton Keynes, MK11 3LW, UK
UKHW020434180726
13839UKWH00003B/1497